ANALIZA KSIĄŻKI

AF131750

Perfumy

. . . .

PATRICK SÜSKIND

ANALIZA KSIĄŻKI

Napisany przez Vincent Jooris
Przetłumaczony przez Kâmil Kowalski

Perfumy

PATRICK SÜSKIND

PATRICK SÜSKIND

NIEMIECKI POWIEŚCIOPISARZ, DRAMATURG I SCENARZYSTA.

- **Urodził się w Ambach (Niemcy) w 1949 roku.**

- **Godne uwagi prace:**

  - *Kontrabas* (1981), grać

  - *Perfume: The Story of a Murderer* (1985), powieść

  - *Gołąbek* (1987), powieść

Patrick Süskind urodził się w 1949 roku w Ambach w Bawarii i jest synem dziennikarza. Po studiach historycznych w Monachium i Aix-en-Provence zaczął pisać, ale dopiero później zaczął publikować swoje prace. Jego sztuka *"Kontrabas", wystawiona po raz* pierwszy w 1981 roku, ma formę monologu muzyka, którego życie kręci się wyłącznie wokół jego instrumentu. Następnie ukazała się powieść *Perfumy: historia mordercy* (1985), która odniosła ogromny sukces, oraz *Gołąb* (1987), opowiadająca o ochroniarzu, który skrupulatnie organizuje swoje życie, aby uniknąć nieoczekiwanych zdarzeń. Süskind pracował również jako scenarzysta telewizyjny, a jego twórczość wyróżnia się mistrzowskimi portretami odizolowanych jednostek i ich obsesji. Jest osobą bardzo prywatną i z reguły stroni od mediów.

PERFUMY

MISTRZOWSKI HOŁD DLA ZMYSŁU WĘCHU

- **Gatunek:** powieść
- **Wydanie referencyjne:** Süskind, P. (2010) *Perfume: The Story of a Murderer.* Trans. Woods, J. E. London: Penguin.
- **1 wydanie:** 1985
- **Tematy:** zapach, obsesja, morderstwo, talent, szaleństwo, samotność, przymus

Akcja filmu "Perfume: The Story of a Murderer" rozgrywa się w XVIII-wiecznej Francji. Śledzi życie wyrzutka, sieroty z niezwykłym zmysłem węchu, który staje się seryjnym mordercą, aby stworzyć perfumy, którym nie można się oprzeć.

Powieść zdominowała niemieckie listy bestsellerów przez kilka lat po wydaniu. W pierwszym roku sprzedaży sprzedano ponad 400 000 egzemplarzy, a historia została przetłumaczona na ponad 40 języków.

PODSUMOWANIE

DZIECIŃSTWO GRENOUILLE'A

17 lipca 1738 roku, na targu w Cimetière des Innocents w Paryżu, sprzedawczyni ryb rodzi pod straganem. Zakłada, że dziecko jest martwo urodzone, jak te, które urodziła wcześniej, i porzuca je. Dziecko jednak żyje i zaczyna płakać, zwracając na siebie uwagę przechodniów. Matka zostaje skazana na śmierć za dzieciobójstwo i stracona. Dziecku nadano imię Jean-Baptiste i pozostawiono je z mokrą pielęgniarką. Ta jednak zaniepokojona brakiem zapachu niemowlaka oddaje go pod opiekę mnicha, który następnie zostawia go u surowej Madame Gaillard, która za pieniądze przygarnia niechciane dzieci. Gdy Grenouille jest pod jej opieką, inne dzieci nabierają do niego instynktownej niechęci, co prowadzi do złego traktowania go, a nawet próby uduszenia. W tym czasie chłopiec uświadamia sobie swój przenikliwy zmysł węchu i zaczyna interesować się zapachami.

Kiedy Jean-Baptiste ma około ośmiu lat, bezduszny kaletnik o nazwisku Grimal przyjmuje go na ucznia. W garbarni unosi się ohydny zapach, ale Grenouille'owi to nie przeszkadza. Praca w garbarni jest jednak wymagająca i młody czeladnik zaraża się wąglikiem, który niespodziewanie przeżywa. Jego zmysł węchu rozwija się podczas wędrówek po ulicach Paryża i wkrótce jego umysłowy katalog zapachów miasta jest kompletny.

PUNKT ZWROTNY

Wieczorem 1 września 1753 roku nastoletni Grenouille czuje niezwykły zapach, który całkowicie go przytłacza. Tropi jego źródło i znajduje młodą dziewczynę obierającą śliwki Mirabelki na rue des Marais. Ogarnia go obsesyjne pragnienie posiadania tego zapachu i dusi dziewczynę na śmierć. Odurzony jej zapachem, z zapałem wdycha gasnącą woń jej zwłok, aż ta zniknie. Ten moment decyduje o przebiegu reszty życia Grenouille'a, które jest zdefiniowane przez jego dążenie do jednego celu: zostać najlepszym perfumiarzem na świecie. Poddany zmysłom, których nie może kontrolować, decyduje, że musi nauczyć się sztuczek.

Grenouille nie wie jeszcze, że nie ma własnego zapachu ciała i nie ma pojęcia, że zabije dziesiątki ludzi, aby wydobyć ich zapach i stworzyć ostateczny zapach, który całkowicie zniewoli każdego, kto go powącha.

PRAKTYKI W PERFUMERII

Grenouille'owi udaje się znaleźć pracę jako praktykant u Giuseppe Baldiniego, mistrza perfumiarstwa. W jego butiku na Pont au Change Jean-Baptiste pracuje z instynktu, tworząc nowe zapachy, które przynoszą jego pracodawcy wielki sukces komercyjny. Nie przeszkadza mu, że szef wykorzystuje go do zarabiania pieniędzy i że twierdzi, że to on stworzył perfumy, które sprzedaje: jedyne, na czym zależy nastolatkowi, to możliwość korzystania z warsztatu. Poznaje technikę destylacji, która pozwala wydobywać zapachy z kwiatów. Nie można jej jednak użyć do uchwycenia zapachów przedmiotów martwych, takich jak metale i szkło, co jest źródłem ogromnej frustracji Grenouille'a, dopóki Baldini nie powie mu, że można to zrobić za pomocą innych technik, które są nauczane w mieście Grasse w południowej Francji. Ta wiadomość od razu ożywia Jean-Baptiste'a. Aby zostać przyjętym do Grasse jako uczeń, musi najpierw uzyskać status partnera, który jego pracodawca zgadza się mu przyznać po wyzyskiwaniu go przez kolejne trzy lata. Jean-Baptiste opuszcza więc Paryż w 1756 roku.

POSZUKIWANIE IDEALNEJ ESENCJI

Podczas podróży do Grasse, Grenouille'a coraz bardziej odpycha zapach ludzi. Unika wiosek, a jego obrzydzenie popycha go do schronienia się w jaskini w Plomb du Cantal, odizolowanym obszarze w Owernii. Spędza tam siedem lat żyjąc jako pustelnik, w tym czasie przegląda swój mentalny spis zapachów i przypomina sobie wszystkie zapachy, z którymi się zetknął, zwłaszcza zapach młodej dziewczyny z rue des Marais. Pewnego dnia Jean-Baptiste śni o swoim własnym zapachu, który go przeraża. Kiedy odkrywa, że go nie ma, postanawia opuścić jaskinię. Uświadamia sobie również, że brak zapachu ciała pozwalał mu w przeszłości pozostać niezauważonym, dlatego postanawia stworzyć perfumy, które posłużą mu jako substytut.

Po powrocie do cywilizacji Grenouille poznaje markiza de la Taillade-Espinasse, naukowca, który wykorzystuje go do udowodnienia swoich teorii. Grenouille rzuca się w wir własnych eksperymentów i zaczyna rozumieć kontrolę, jaką zapachy wywierają na ludzki umysł. To daje mu nową determinację w dążeniu do celu: stworzenia perfum zdolnych do dominacji i zniewolenia ludzi.

ZBIERANIE ZAPACHÓW

Po przybyciu do Grasse, Grenouille rozpoczyna pracę u Madame Arnulfi, gdzie jego kolega Druot (kochanek Madame Arnulfi) uczy go techniki enfleurage. Jean-Baptiste rozpoczyna własne eksperymenty w celu udoskonalenia swojej wiedzy i odkrywa, że metoda ta umożliwia wydobycie zapachów z istot żywych.

Ponadto Grenouille'a urzeka zapach Laure Richis, córki drugiego konsula, który uważa za znacznie lepszy od zapachu małej paryżanki, którą zabił kilka lat wcześniej. W poszukiwaniu idealnych perfum zaczyna zbierać zapachy ładnych, młodych dziewic: w tym celu zabija 24 dziewczyny. Grasse'a ogarnia strach. W obawie o życie córki, Richis odprowadza ją daleko od miasta, ale Jean-Baptiste, przekonany, że potrzebuje zapachu Laure, dogania ich i zabija.

PORAŻKA GRENOUILLE'A

Grenouille zostaje aresztowany kilka dni później, ale ma czas na stworzenie swojego arcydzieła, dzięki zapachowi młodej dziewczyny i innych swoich ofiar. Na szafocie Jean-Baptiste wylewa na siebie maleńką kroplę swoich perfum i efekt jest natychmiastowy: widzowie są tak oszołomieni, że tracą nad sobą kontrolę, a wokół szafotu wybucha ogromna orgia. To pokazuje, że Grenouille, mimo własnego wstrętu do ludzkości, potrafił stworzyć perfumy zdolne wzbudzić miłość u innych. Jednak nawet w otoczeniu wywołanej przez siebie ekstazy pozostaje bez emocji. Postrzegany jako istota czysta, zostaje uniewinniony. Ojciec Laure adoptuje go, ale Grenouille wraca do Paryża.

W Paryżu Jean-Baptiste zastanawia się nad swoją porażką: oprócz tego, że zawsze będzie nienawidził ludzkości, nigdy nie będzie miał własnego zapachu, a więc i własnej tożsamości. Wydaje się, że życie straciło dla niego wszelki sens, postanawia więc wrócić do miejsca urodzenia. We wczesnych godzinach 26 czerwca 1767 roku, otoczony przez złodziei, przestępców i żebraków, wylewa na siebie cały flakon swoich perfum. Wszyscy wokół są oszołomieni, wierząc, że widzieli anioła, i ogarnia ich nieodparte pragnienie, by go schwytać i posiąść. Napastnicy rozrywają jego ciało na kawałki i pożerają je, nie pozostawiając śladu po Jean-Baptiste Grenouille.

STUDIUM POSTACI

JEAN-BAPTISTE GRENOUILLE

Grenouille został porzucony przez matkę, która myślała, że jest martwo urodzony. W dzieciństwie nie otrzymał od nikogo prawdziwej uwagi ani wykształcenia. Podrzucany od jednej osoby do drugiej, w końcu wycofał się w głąb siebie.

Jego niezdolność do dopasowania się

Jean-Baptiste Grenouille wydaje się niemalże urodzić przeklęty. Czytelnik dowiaduje się o tym już na początku powieści, która zaczyna się od przedstawienia okoliczności jego narodzin. Opisanie jego relacji z innymi ludźmi jako skomplikowanych byłoby ogromnym niedopowiedzeniem: w dzieciństwie jest przekazywany od jednego opiekuna do drugiego, trafia do garbarni, a następnie do perfumerii. Jego obecność zawsze budzi niepokój, jest nieustannie odrzucany. Pierwsza pielęgniarka uważa go za dziecko diabła; ojciec Terrier jest zaniepokojony, gdy dziecko wydaje się pachnieć powietrzem wokół niego; pensjonariusze Madame Gaillard próbują go zabić; a sama Madame Gaillard wierzy, że ma on mistyczną moc drugiego widzenia.

Podczas gdy inni bohaterowie czują się inaczej w otoczeniu Grenouille'a (niepokój, strach, nieufność), wszyscy w końcu go odrzucają. On jednak nie pragnie być kochany i akceptowany: nienawidzi ludzi, a zwłaszcza ich zapachu: "Najbardziej wyzwalający był dla niego fakt, że inni ludzie byli tak daleko"

(s. 120). Ta mizantropijna skłonność popycha go nawet do spędzenia siedmiu lat na życiu w jaskini.

Odkrywa wtedy, dlaczego ciągle jest odrzucany: nie ma własnego zapachu. Ponieważ nie ma zapachu ciała, inni ludzie nie wyczuwają, że się zbliża: "Od młodości był przyzwyczajony do tego, że ludzie mijali go i nie zwracali na niego uwagi, nie z pogardy – jak kiedyś sądził… ale dlatego, że byli zupełnie nieświadomi jego istnienia" (s. 157-158).

Przez wiele lat nie potrafi zrozumieć społeczeństwa, dlaczego spotyka się z odrzuceniem, a społeczeństwo nie potrafi go zrozumieć i uznać za człowieka. Podobnie nie potrafi zrozumieć naturalnych praw świata (takich jak różnica między dobrem a złem), a nikt nigdy nie zadaje sobie trudu, by go ich nauczyć.

Jego wygląd

W ciągu swojego życia Grenouille zapada na wiele chorób, które deformują jego ciało, ale wzmacniają ducha. Wielokrotnie wspominana jest jego brzydota:

> "Potrafił przez wiele dni jeść wodnistą zupę, radził sobie na najcieńszym mleku, trawił najbardziej zgniłe warzywa i zepsute mięso. W dzieciństwie przeżył odrę, dyzenterię, ospę wietrzną, cholerę, upadek na dwadzieścia stóp do studni i oparzenie wrzącą wodą wylaną na piersi. Co prawda nosił po tym wszystkim blizny, otarcia i strupy, a lekko kaleka stopa sprawiała, że utykał, ale żył. […] Wymagał minimalnej racji żywności i odzieży dla swojego ciała" (s. 21-22).

> "[H]e zachorował na wąglika, chorobę, której obawiali się garbarze i która zwykle była śmiertelna. […] Ale wbrew wszelkim oczekiwaniom Grenouille przeżył chorobę. Pozostały mu po niej jedynie blizny po dużych czarnych karbunkułach za uszami oraz na dłoniach i policzkach, pozostawiając go oszpeconym i jeszcze brzydszym niż był wcześniej" (s. 33).

Niemniej jednak, jeśli ktoś spojrzy na niego, gdy ma na sobie jego perfumy, zobaczy tylko iluzję doskonałego piękna. Ludzie widzą oczami, ale mają też pełne zaufanie do tego, co mówi im nos, a Grenouille wykorzystuje ten fakt, by ich oczarować:

> "Grenouille stał i uśmiechał się. A raczej ludziom, którzy go widzieli, wydawało się, że się uśmiecha, najbardziej niewinnym, kochającym, czarującym, a zarazem najbardziej uwodzicielskim uśmiechem na świecie. Ale w rzeczywistości nie był to uśmiech, lecz brzydki, cyniczny uśmieszek, który leżał na jego ustach […] mały, garbaty, kulawy, brzydki, stroniący od ludzi, obrzydliwość wewnątrz i na zewnątrz" (s. 248).

Jego zmysł węchu

Co dziwne, Grenouille nie wydziela żadnego własnego zapachu, ale jest obdarzony niezwykłym zmysłem węchu. Ten niemal nadprzyrodzony talent rozwija w młodym wieku; w zasadzie jego pierwsze słowa dotyczą źródeł otaczających go zapachów: "ryby", "Pelargonia", "stragan z kozami", "kapusta włoska" i "Jacqueslorreur" (s. 24). Nic innego nie ma dla niego znaczenia, tylko to, co może powąchać. Wkrótce zaczyna używać swojego zmysłu węchu w sposób niemal systematyczny, wyrywając w pamięci nazwę każdego zapachu: "Pił aromat, zatapiał się w nim, impregnując się przez najskrytsze pory, aż sam stał się drewnem […], aż po dłuższej chwili, może pół godziny dłużej, zakneblował słowo 'drewno'" (s. 25-26).

Ma też niesamowitą zdolność do wyobrażania sobie nowych zapachów, które mogłyby powstać z wykorzystaniem elementów otaczającego go świata:

> "Ale nie było żadnych estetycznych zasad rządzących olfaktoryczną kuchnią jego wyobraźni, gdzie ciągle syntetyzował i wymyślał nowe kombinacje aromatyczne. Tworzył groteski, by zaraz je zniszczyć, jak dziecko

bawiące się klockami – pomysłowe i destrukcyjne, bez widocznych norm dla swojej kreatywności" (s. 39).

Jego imię

Jego imię, Jean-Baptiste, jest nawiązaniem do biblijnej postaci Jana Chrzciciela, czyli "tego, który namaszcza", co nawiązuje do powołania bohatera jako perfumiarza. Podobnie jak jego imiennik, spędza czas żyjąc jako pustelnik i jedząc owady, a następnie umiera makabryczną śmiercią.

Nazwa Grenouille (co po francusku oznacza "żaba") jest bardziej zawiła. Pod pewnymi względami przywodzi na myśl obraz czarownicy mieszającej magiczne składniki w bulgoczącym kociołku – i w rzeczywistości Grenouille wydaje się być od urodzenia otoczony innymi potencjalnymi składnikami: zgniłymi melonami, spalonym rogiem, rybimi głowami, rojem much itp. Po drugie, płazy rodzą się w środowiskach wodnych i Grenouille również urodził się w otoczeniu ryb. Ponadto żaby są mieszkańcami bagien, a pierwsza ofiara Grenouille'a mieszkała przy rue des Marais (*Marais* to francuskie słowo oznaczające bagno). Wreszcie, badania wykazały, że żaby mają nadmiernie rozwinięte płaty węchowe w porównaniu z resztą mózgu, więc ta nazwa wydaje się niemalże przesądzona.

INNE POSTACIE

Każdy, kto źle traktuje Grenouille'a lub nim gardzi, spotyka się z okropnym lub tragicznym końcem – a jest więcej niż kilka postaci, które nie mają skrupułów, by dać upust swojej ciemnej stronie i wykorzystać go dla własnych korzyści. Nawet gdy Jean-Baptiste powstrzymuje się od mordowania ludzi, los wydaje się być skłonny do dokonania zemsty w jego imieniu:

- Jego matka, która próbuje go porzucić, zostaje zgilotynowana.

- Madame Gaillard sprzedaje Grenouille'a Grimalowi, odrzucając swoje zasady moralne. Umiera w Hotel-Dieu, dzieląc łóżko z pięcioma innymi kobietami, czego obawiała się przez całe życie.

- Grimal, pracownik zakładu skórzanego, dba tylko o zysk. Docenia niezastąpionego Grenouille'a, ale trzyma go jak zwierzę. Sprzedaje swojego akordowca Baldiniemu, przepija wszystkie pieniądze i pozwala sobie na odejście, choć jest to sprzeczne z jego wszystkimi zasadami, po czym ginie od upadku.

- Giuseppe Baldini, mistrz perfumiarski, uważa swoich młodych konkurentów za oszustów, którzy działają tylko dla pieniędzy. Jednak on również, aby się wzbogacić, podaje geniusz Jean-Baptiste'a za swój własny. Po wyjeździe Grenouille'a jego dom na Pont au Change zawala się, a on sam zostaje zmiażdżony.

- Markiz de la Taillade-Espinasse, który pasjonuje się naukowymi teoriami, wykorzystuje Grenouille'a, by oszukać sędziów i przekonać ich do swoich teorii. Po ucieczce Jean-Baptiste'a markiz pozostaje pochłonięty swoimi badaniami. Przekonany o prawdziwości własnych kłamstw, udaje się na Pic du Canigou, by je udowodnić i tam znika.

- Madame Arnulfi, wesoła wdowa, i Druot, jej kochanek, zatrudniają tylko jednego pracownika: Grenouille'a. Ich firma jest w stanie utrzymać się na powierzchni tylko dzięki jego niewiarygodnemu talentowi i temu, że haruje jak wół, dzień i noc, ale to oni na tym korzystają. Pod koniec powieści Druot zostaje stracony na miejscu Jean-Baptiste'a, pozostawiając Arnulfi jeszcze bardziej samotną i zubożałą niż wcześniej.

Grenouille wykorzystuje tych spekulantów na swój sposób: trzyma się ich tak długo, jak długo wierzy, że mogą przyczynić się do jego edukacji węchowej. Każda z postaci, które spotyka Jean-Baptiste jest drugorzędna, ponieważ narracja rozpatruje je tylko z jednej perspektywy: sposobu, w jaki wchodzą w interakcje z Grenouille'em. Cała historia skonstruowana jest wokół głównego bohatera.

OFIARY GRENOUILLE'A

Pierwszą ofiarą Grenouille'a jest młoda dziewczyna na rue des Marais, która obiera śliwki Mirabelle.

> "[H]e nie mógł sobie wyobrazić, jak tak wykwintny zapach może wydzielać człowiek. [...]. Sto tysięcy zapachów wydawało się bezwartościowe w obecności tej woni. [...]. On zaś nie patrzył na nią [...], gdy ją dusił, bo miał tylko jedno zmartwienie – nie stracić najmniejszego śladu jej zapachu" (s. 43-45).

W Grasse Grenouille odbiera podobny zapach, należący do Laure Richis. Postanawia jednak przed działaniem wyostrzyć swoje umiejętności i wiedzę, dzięki czemu zapach będzie naprawdę doskonały:

> "Chciał mieć ten zapach! [...] posiąść zapach tej dziewczyny [...] uczynić jej zapach swoim własnym. [...]. Miał dwa lata na naukę. [...]. Kwiat rozkwitłby tam bez jego pomocy [...]. Musiał rzucić się w wir pracy. Musiał poszerzyć swoją wiedzę i udoskonalić techniki swojego rzemiosła, aby być wyposażonym na czas zbiorów. Miał na to dobre dwa lata." (s. 178-179).

W tym czasie morduje 24 inne młode dziewczyny. Uderza je kijem, a następnie zbiera ich zapach, aby móc go wykorzystać do stworzenia swoich przyszłych perfum. Rozbiera je do naga, goli włosy i skrupulatnie owija w nasączoną olejkiem tkaninę, aby wydobyć ich zapach. Wybiera dziewczęta w wieku od 15 do 18 lat, "te rozmarzone kobiety z ciemnego miodu, gładkie i słodkie i strasznie lepkie" (s. 201), dość wysokie, o długich ciemnych włosach, które czasem są zabarwione na czerwono lub kasztanowo. Większość z nich pochodzi z Grasse, choć morduje też kilka włoskich dziewczyn. Ich wygląd nie interesuje go, a jedynie ich istota. Laure Richis, rudowłosa o zielonych oczach, jest centralnym punktem jego pracy, ponieważ jej zapach przewyższa zapach każdej innej kobiety.

ANALIZA

PORTRET PSYCHOPATY

Jego ambiwalencja

Jean-Baptiste Grenouille wymyka się prostej kategoryzacji, zwłaszcza że jest jednocześnie przedstawiany jako bohater i złoczyńca.

Z jednej strony dzieli wiele cech osobowości z podziwianymi od wieków bohaterami literackimi:

- Podobnie jak bohaterowie starożytnych mitów i legend, Grenouille posiada nadprzyrodzoną zdolność: rozwinięty zmysł węchu. Poza tą supermocą wydaje się być praktycznie nieśmiertelny: przy wielu okazjach, gdy zapada na śmiertelne choroby lub spotykają go inne nieszczęścia (np. gdy prawie zamarza na śmierć w jaskini), zawsze udaje mu się przeżyć. Co więcej, może nie urodził się w tak niezwykłych okolicznościach jak półbogowie ze starożytnej mitologii, ale z pewnością nie były one też zupełnie przyziemne. W związku z tym Grenouille wykazuje pewne podobieństwa do bohaterów takich jak Herkules czy Achilles.

- Grenouille jest również podobny do wielu bohaterów Pierre'a Corneille'a (francuski tragediopisarz, 1606-1684), w tym sensie, że śmierć i nieszczęście psują jego ślady od pierwszego oddechu, ale pomimo ich stałej obecności w jego życiu, jego osobiste zasługi pozwalają mu wspinać się po drabinie społecznej. Osiąga również swoje cele, tworząc doskonałe perfumy, które pozwalają mu kontrolować ludzkie uczucia. W końcu jednak uświadamia sobie swoją winę i zdaje sobie sprawę, że jego perfumy nie są w stanie go uszczęśliwić. W tym momencie sumienie popycha go do popełnienia samobójstwa w iście spektakularny sposób.

- Ma też pewne podobieństwa do bohaterów romantycznych, takie jak siła charakteru i samozaparcie. Te cechy pozwalają mu wznieść się ponad skromne pochodzenie i wykuć własną ścieżkę, która prowadzi od straganu na rynku, pod którym się urodził, aż do Grasse, gdzie poznaje tajemnice handlowe od mistrzów perfumiarstwa. Dzięki sile swoich przekonań udaje mu się zrealizować absurdalny projekt, mimo że na każdym kroku spotyka się z wrogością.

- Poszukiwania Jean-Baptiste'a przywodzą na myśl także artystów XIX wieku, którzy w sztuce szukali piękna i doskonałości. "Sens, cel i przeznaczenie jego życia miały wyższe przeznaczenie: nic innego jak zrewolucjonizować zapachowy świat" (s. 46). Pieniądze nie mają dla niego znaczenia, chce po prostu stworzyć idealny zapach, zapach dla siebie, który mógłby wykorzystać do wypełnienia świata wonią i wypędzenia z niego wszystkich przykrych zapachów. To poszukiwanie jest również reakcją Grenouille'a na poczucie zagrożenia przez dominujące wartości społeczne świata: wycofuje się w głąb siebie i znajduje ukojenie w swojej sztuce, czyli perfumiarstwie.

Z drugiej strony dzieli też wiele cech z klasycznymi literackimi antybohaterami:

- W XVII wieku w wielu powieściach pojawili się bohaterowie, których wrodzony heroizm był coraz bardziej przyćmiony przez ich osobiste słabości, co dało początek antybohaterowi. Na przykład Don Kichot, bohater tytuło-wej powieści Miguela de Cervantesa (pisarz hiszpański, 1547-1616), jest zdeterminowany, by wskrzesić epokę rycerską i jej wartości, mimo że świat poszedł naprzód i te wartości nie mają już w nim miejsca. Pragnienie Grenouille'a, by pozbyć się ze świata wszystkich nieprzy-jemnych zapachów, można uznać za podobny rodzaj sza-leństwa.

- Postać Grenouille'a ma także jeszcze ciemniejszą stronę, ponieważ nie ma on skrupułów, by zabijać, by osiągnąć swoje cele. Chociaż początkowo bada wszystkie inne moż-liwości, które są przed nim otwarte, kiedy jest już pewien, że zabijanie ludzi jest jedynym sposobem na powodzenie jego projektu, nie waha się ani chwili przed podjęciem tego ostatecznego kroku.

- Niegodziwość jego duszy odzwierciedla także jego brzy-dota fizyczna: jego ciało jest na wiele sposobów zdeformo-wane, a twarz spustoszona przez chorobę. Często porównywany jest też do kleszcza – brzydkiego owada, który jest powszechnie znienawidzony, ale i tak potrafi się do wszystkiego przyczepić.

Jego stan

Przez całą powieść Grenouille wydaje się być napędzany do zabijania przez szereg uwarunkowań psychologicznych.

Kiedy ojciec Terrier bierze do siebie niemowlę Grenouille, zostaje szybko odrzucone przez pielęgniarkę, ponieważ nie ma zapachu, a ona mówi, że nie może się nim dłużej zajmować. Ojciec Terrier jest zaskoczony i zakłada, że jest ona szalona, mówiąc "Głupiec widzi nosem" (s. 15). Jednak czytelnik szybko orientuje się, że pielęgniarka lepiej rozumiała dziecko niż ojciec Terrier, choć jego słowa również były na swój sposób prawdziwe – i doskonale pasują do Grenouille'a. Grenouille wykorzystuje swoją słabość psychiczną jako sposób na ucieczkę od świata, który wydaje się być na skraju katastrofy. Można go interpretować jako szalonego bohatera, którego dążenie do ucieczki od smrodu świata jest symptomem jego zejścia w szaleństwo. To szaleństwo przejawia się również w snach Jeana-Baptiste'a, w których widzi siebie jako "mściciela i twórcę światów" (s. 132).

W miarę jak jego mizantropia staje się coraz bardziej wyrazista (w oczach czytelnika, nie innych bohaterów), Grenouille ostatecznie popada w megalomanię, co widzimy po jego coraz większej pewności siebie:

> *"[H]miał kłopot, żeby nie tryskać nim jak jadem i spleenem po tych wszystkich ludziach i nie krzyczeć im z uniesieniem w twarz: że się ich nie boi; [...] że jego pogarda dla nich była głęboka i całkowita [...]; ponieważ mogli być przez niego oszukani, dali się oszukać; ponieważ oni byli niczym, a on był wszystkim!" (p. 160)*

W rzeczywistości nie jest w stanie zrozumieć różnicy między dobrem a złem z powodu tego stanu psychicznego, zwłaszcza że nigdy nie nauczono go żadnych wartości moralnych ani granic.

Jego obsesja

Życie Grenouille'a zostaje wywrócone do góry nogami przez jeden moment: gdy na rue des Marais spotyka dziewczynę obierającą śliwki Mirabelle:

"Ale potem, nagle, znów tam było, zaledwie strzęp, powiew wspaniałego przeczucia na zaledwie sekundę... i zniknęło natychmiast. Grenouille cierpiał męki. [...]. Miał przeczucie czegoś niezwykłego – ten zapach był kluczem do uporządkowania wszystkich zapachów, nie można było nic zrozumieć o zapachach, jeśli nie rozumiało się tego jednego zapachu, i całe jego życie byłoby spartaczone, gdyby on, Grenouille, nie zdołał go posiąść. Musiał go mieć [...], aby jego serce było spokojne." (p. 40).

Odurzony jej zapachem, dusi ją, aby móc wdychać każdy ślad jej zapachu w wolnej chwili: "To było tak, jakby urodził się po raz drugi; nie, nie po raz drugi, po raz pierwszy, ponieważ do tej pory istniał jedynie jak zwierzę z najbardziej mglistą samoświadomością" (s. 45). Ten moment działa na niego natychmiast: wyznacza sobie cel – odtworzyć i udoskonalić te perfumy – i dąży do niego z niezwykłą wytrwałością, którą demonstruje podczas pobytu u Baldiniego i Madame Arnulfi. Pomysł ten szybko staje się obsesją, która rządzi jego życiem, co oznacza, że każda najmniejsza przeszkoda, nawet chwilowa, głęboko go demoralizuje i niepokoi. Jest tak pochłonięty tym pragnieniem, że nie dba o nic innego, a nawet uważa życie innych ludzi za zbędne; w rezultacie nie ma skrupułów, by popełnić morderstwo, by osiągnąć swój cel (a brak zapachu ciała oznacza, że psy nie mogą go wykryć, więc nie można go złapać). Krótko mówiąc, jego obsesja stworzenia idealnych perfum prowadzi go do zostania seryjnym mordercą.

Jego aspiracje

Ta obsesja rodzi kolejny plan: zdobycie miłości innych ludzi za pomocą perfum. Grenouille jest początkowo aspołeczny z natury, ponieważ uważa ludzki zapach za nieciekawy, a w końcu odpychający. Jednak doświadczenie pustelnika uświadamia mu ukrytą siłę jego pasji:

"Zapach bowiem był bratem oddechu. Razem z oddechem wnikał w istoty ludzkie, które nie mogły się przed nim bronić, nie jeśli chciały żyć. [...] [Trafiał] bezpośrednio do ich serc i rozstrzygał na dobre i na wszystkie strony między uczuciem a pogardą, obrzydzeniem a pożądaniem, miłością a nienawiścią. Ten, kto rządził zapachem, rządził sercami ludzi" (s. 161).

Po powrocie do cywilizacji Grenouille postanawia ukryć swoje prawdziwe zamiary poprzez oszustwo i nieelegancki sposób bycia. W tym czasie tworzy kilka perfum: zastępczy ludzki zapach dla siebie, następnie całą gamę zapachów, które wywołują różne emocje u tych, którzy je wąchają, kończąc na perfumach, które oszukują Richisa, który chronił swoją córkę, aby uwierzył, że Grenouille nie stanowi dla nich zagrożenia. W końcu udaje mu się stworzyć eliksir zdolny do całkowitego zniewolenia umysłu każdego, kto go powącha. Grenouille kieruje się połączeniem miłości i nienawiści: nienawidzi ludzi, ale szuka ich podziwu.

Jean-Baptiste uważa, że osiągnął swój cel i zaspokoił swoje pragnienie. Jednak potem ma dwie odrębne realizacje:

- Teraz, gdy arcydzieło zostało ukończone, jego twórca nie ma już powodu do życia.

- To nie Jean-Baptiste jest uwielbiany przez ludzi, ale jego perfumy. Wie, że nigdy nie będzie kochany dla samego siebie. W rezultacie decyduje się zakończyć swoje życie.

OLFAKTORYCZNA OPOWIEŚĆ

Opisy zapachów odbieranych przez Grenouille'a są mistrzowskie i niepodobne do wysiłków innych pisarzy w tej dziedzinie. Podczas gdy większość literatury odwołuje się do zmysłów wzroku i słuchu czytelnika, aby stworzyć tak zwaną "iluzję rzeczywistości", Süskind doskonale rozumie całe spektrum sposobów, na jakie autor może stworzyć ten efekt:

> *"Zapach ten miał świeżość, ale nie taką, jaką mają limonki czy granaty, ani taką, jaką ma mirra czy kora cynamonu, czy mięta kędzierzawa, czy brzoza, czy kamfora, czy igły sosnowe, ani taką, jaką ma majowy deszcz, czy mroźny wiatr, czy woda ze studni… a jednocześnie miał ciepło, ale nie takie, jakie ma bergamotka, cyprys czy piżmo, albo jaśmin czy narcyz, nie takie, jakie ma drzewo różane czy irys… Ten zapach był mieszanką obu, efemeryczności i substancji, nie mieszanką, ale jednością, choć lekką i również kruchą, a jednak solidną i podtrzymującą, jak kawałek cienkiego, mieniącego się jedwabiu… a jednak znowu nie jak jedwab, ale jak ciasto nasączone słodkim jak miód mlekiem – i próbował, jak chciał, nie mógł dopasować tych dwóch rzeczy do siebie: mleko i jedwab! Ten zapach był niepojęty, nie do opisania, nie dawał się w żaden sposób skategoryzować – naprawdę nie powinien w ogóle istnieć" (s. 41-42).*

Aby napisać tę powieść, Süskind przeprowadził wiele badań nad technikami wytwarzania perfum i nad kompozycją zapachów, a jednym z godnych uwagi źródeł tych informacji była firma Fragonard w Grasse.

PORTRET Z XVIII W.

Süskind pozbawia nas tych wyobrażeń, zanurzając nas w XVIII-wiecznym Paryżu i każąc nam wdychać smrody, które przenikają to miasto: brudy pozostawione przez jego mieszkańców, garnki wyrzucane na ulice, rozrzucone śmietniki, obskurne podwórka, zepsute ryby, ostry zapach garbarni i tak dalej. Podobno inspiracją dla pisarza było *The Foul and the Fragrant* (1982) Alaina Corbina (francuski historyk, ur. 1936), historyczne studium o zapachach.

Innym sposobem, w jaki Süskind przywołuje atmosferę minionych dni, jest mentalność i sposób wyrażania się bohaterów. Wspomina on:

- Wątpliwości ojca Terriera co do sprzeczności Pisma Świętego i jego pogarda dla ludowych przesądów (rozdział 3);

- Myśl oświeceniowa, której Baldini nie aprobuje (rozdział 11);

- uogólniony entuzjazm dla wszelkiego rodzaju nauk, uosabiany przez markiza de la Tallaide-Espinasse (rozdział 30).

Autor przedstawia również brutalne społeczeństwo, które definiowane jest przez aroganckie, skorumpowane lub kłótliwe zachowanie każdego z jego członków.

POWIEŚĆ HYBRYDOWA

Perfume: The Story of a Murderer znajduje się na swoistym literackim rozdrożu, gdyż posiada szereg cech charakterystycznych dla różnych gatunków literackich, z których najbardziej widoczne są:

- **Powieści historyczne**. Powieść pęka od konkretnych szczegółów historycznych: "Tymczasem w świecie zewnętrznym szalała wojna, wojna światowa. Mężczyźni walczyli na Śląsku i w Saksonii, w Hanowerze i Niderlandach, w Czechach i na Pomorzu" (s. 137). Szczegóły te, oprócz kontekstu opowieści, sprawiają, że wydaje się ona bardziej realistyczna.

- **Opowieści filozoficzne**. Już pierwsze wersy powieści wykazują pewne podobieństwo do początku baśni, w którym zwykle ustala się pewne fakty dotyczące scenerii, zanim przejdzie się do samej historii. Powieść jest również pełna dygresji ("Ponieważ w tym momencie naszej historii mamy zostawić za sobą Madame Gaillard [...], poświęcimy kilka zdań na opisanie końca jej dni", s. 30). Powieść jest pełna satyrycznych akcentów, które przypominają opowieści Woltera, jak na przykład wtedy, gdy teoria markiza de la Taillade-Espinasse jest wychwalana przez publiczny uniwersytet w Montpellier, mimo że Grenouille wcześniej wyśmiewał tę teorię, zdając się wpadać w drgawki, gdy wąchał perfumy markiza.

- **Opowieści o dojrzewaniu.** Struktura powieści zbudowana jest wokół życia jednego człowieka, Jean-Baptiste Grenouille'a, śledząc go od narodzin do śmierci. W obliczu wrogości otaczającego go świata, musi on wykuć własną drogę i wyciągnąć wnioski ze spotkań z innymi (nawet jeśli nie są to doświadczenia pozytywne). Choć Grenouille stroni od świata, to dzięki niemu ewoluuje.

Hybrydowy charakter *Perfume: The Story of a Murderer* tworzy niezwykłą mieszankę literackich tropów, które zaskakują i niepokoją czytelnika w równym stopniu. Nawet potępiając popełniane przez niego morderstwa, czytelnik nie może nie przywiązać się do tego seryjnego mordercy i z pewnością będzie czuł się rozdarty, gdy odwróci ostatnią stronę. To połączenie różnych gatunków sprawia, że powieść nie pozostawi czytelnika bez wzruszenia.

DALSZA REFLEKSJA

KILKA PYTAŃ DO PRZEMYŚLENIA...

- Dlaczego cztery części opowiadania są różnej długości?

- Jaki typ narracji stosuje autor?

- Do jakiego owada porównany jest Jean-Baptiste? Wyjaśnij, dlaczego zastosowano tę analogię.

- Do jakich innych zwierząt jest on również porównywany? Podkreśl niektóre fragmenty tekstu.

- Wskaż fragmenty rozdziału 26, które parodiują teksty biblijne i mowy królewskie.

- Czy Grenouille można porównać do Wulkana/Hefajstosa, grecko-rzymskiego boga? Przeprowadź badania, aby poprzeć swoją odpowiedź.

- Który starożytny mit autorstwa Platona (grecki filozof, ok. 427-348/347 p.n.e.) przywodzi Ci na myśl epizod w Plomb du Cantal?

- Podkreśl sposoby, w jakie powieść zestawia życie w mieście z przyrodą.

- Dlaczego postać Grenouille'a mogła być interpretowana zarówno jako czarny charakter, jak i chrześcijański męczennik? Poprzyj swoją odpowiedź fragmentami tekstu.

- W jaki sposób znaczące jest miejsce, w którym Grenouille wybiera śmierć?

DALSZE CZYTANIE

WYDANIE REFERENCYJNE

Süskind, P. (2010) *Perfumy: Opowieść o mordercy*. Trans. Woods. J. E. London: Penguin.

BADANIA REFERENCYJNE

Aron, P., Saint-Jacques, D. i Viala, A. eds. (2002) *Le Dictionnaire du littéraire*. Paris: Presses universitaires de France.

Scholl, J. (2006) *50 incontournables romans du XXe siècle*. Paris: La Martinière.

ADAPTACJA

Perfumy: opowieść o mordercy. (2006) [Film]. Tom Tykwer. Dir. Niemcy: Constantin Film Produktion.

Chcemy usłyszeć od Ciebie, co się dzieje!
Zostaw komentarz na temat swojej internetowej biblioteki
i podziel się swoimi ulubionymi książkami w mediach społecznościowych!

www.50minutes.com

Master ISBN: 9782808693707
Papierowy ISBN: 9782808615105
Depozyt prawny: D/2023/12603/1790

Verhaal: © Primento

Projekt cyfrowy: Primento, cyfrowy partner wydawców.